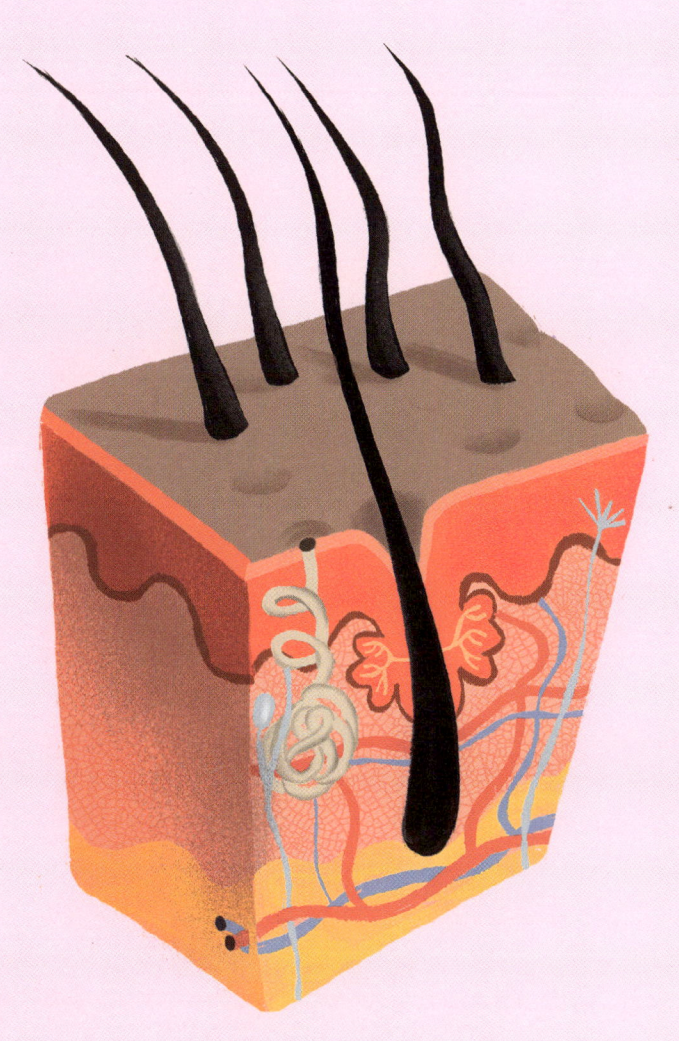

Título original: *The Science of Acne and Warts*
© The Salariya Book Company Ltd., 2018
Publicado por acuerdo con IMC Agencia Literaria
Texto: Alex Woolf
Ilustraciones: Bryan Beach, David Pavon,
Caroline Romanet, Andy Rowland, Paco Sordo y
Diego Vaisberg
Traducción: Algar Editorial
© Algar Editorial
   Apartado de correos 225 - 46600 Alzira
   www.algareditorial.com
Impresión: Anman

1.ª edición: marzo, 2020
ISBN: 978-84-9142-387-4
DL: V-374-2020

La ciencia del acné y las verrugas

La irritante verdad sobre la piel

Alex Woolf

algar

Índice

Introducción	5
Las capas de la piel	6
Sudor y carne de gallina	8
¿Qué es el acné?	10
Ampollas, callos y ojos de gallo	12
Cortes, cicatrices y hematomas	14
Hongos y verrugas	16
Erupciones de la piel	18
Pecas, lunares y marcas de nacimiento	20
Tono de piel	22
Picaduras	24
Piel animal	26
Cuando envejecemos	28
Glosario	30
Índice analítico	32

Introducción

La piel es el abrigo del cuerpo y cubre todas las cosas que tiene dentro: músculos, huesos, sangre, órganos... lo mantiene todo en su sitio. También lo defiende de las cosas malas de fuera, como los microbios. Ayuda a controlar la temperatura corporal y proporciona el sentido del tacto y la sensación de calor y frío.

Aunque es extremadamente útil, también puede ser muy frustrante. Pica, le salen hematomas y ampollas, le brotan erupciones y granos... Además, algunas partes, como las axilas o los pies, pueden apestar, especialmente después de hacer deporte.

Pero la piel es mucho más que todo esto: es parte de la historia de nuestra identidad, de quiénes somos. Nuestro tono de piel, los lunares y las manchas de nacimiento que tenemos nos hacen únicos y únicas. Las cicatrices cuentan historias de accidentes y de lesiones.

No solemos pensar en la piel como un órgano, pero lo es. De hecho, es el órgano más grande del cuerpo. En este libro echaremos un vistazo a la fascinante verdad sobre la piel.

Las capas de la piel

La piel está formada por tres capas. La más superficial es la epidermis. Normalmente, tiene el grosor de una hoja de papel, pero es más recia en las palmas de las manos y en las plantas de los pies. La capa de en medio es la dermis, que es entre 3 y 30 veces más gruesa que la epidermis. La capa más profunda y más espesa de todas es la hipodermis. Su grosor varía según la parte del cuerpo que cubra. Juntas, estas capas ayudan a proteger el cuerpo, lo mantienen a una temperatura adecuada y posibilita el sentido del tacto. En medio de las tres capas hay pelos, glándulas, nervios y vasos sanguíneos.

De media, la piel de una persona adulta mide 2 metros. Pesa 4 kilos y contiene alrededor de 18 kilómetros de vasos sanguíneos.

¿No te haces daño?

¡Tengo la piel gruesa!

La epidermis contiene grandes cantidades de queratina, un tipo de proteína dura e impermeable que protege la piel.

Epidermis

Las células de la epidermis crean melanina, una sustancia que da color a la piel. Su superficie está hecha de células muertas. En la parte de debajo de la epidermis se forman continuamente células nuevas que reemplazan a las células muertas de la superficie, que se desprenden y se caen.

Información asquerosa

Alrededor del 70 % del polvo de una casa es en realidad piel muerta. Cada minuto del día perdemos entre 30.000 y 40.000 células muertas de la superficie de la piel. ¡Eso son casi 4 kilos de piel perdida cada año!

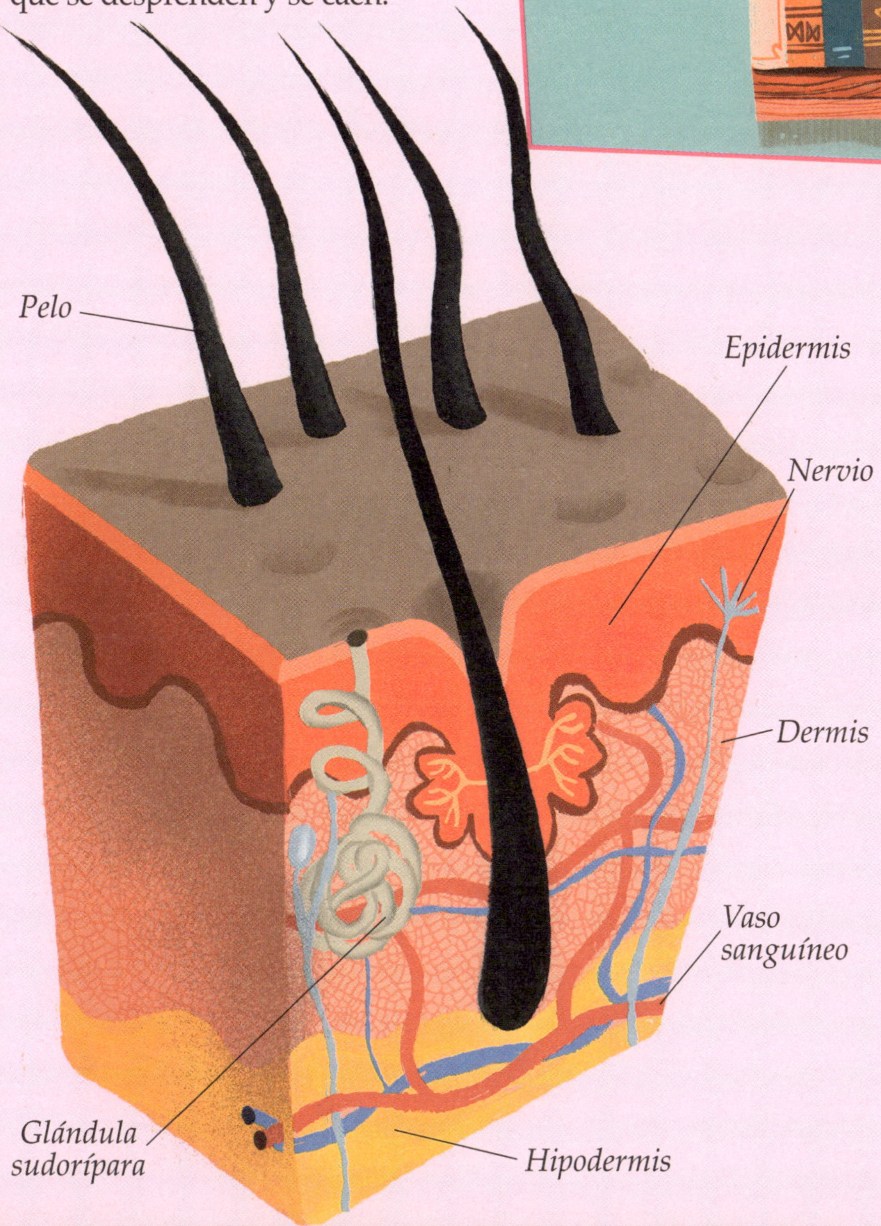

Dermis

La dermis contiene terminaciones nerviosas que proporcionan el sentido del tacto; vasos sanguíneos que llevan oxígeno a la piel; glándulas sebáceas que producen sebo, un aceite natural; y glándulas sudoríparas. Además, la dermis dota de firmeza y elasticidad a la piel.

Hipodermis

La capa inferior está casi totalmente hecha de grasa. Nos ayuda a mantener el calor y absorbe los golpes. También ayuda a unir la piel con los tejidos de debajo. Esta capa contiene las raíces de los pelitos que crecen en la piel.

Pelo
Epidermis
Nervio
Dermis
Vaso sanguíneo
Glándula sudorípara
Hipodermis

Sudor y carne de gallina

Al sentir frío se pone la carne de gallina porque el cuerpo endereza el vello para que atrapen la capa de aire caliente más próxima a la piel.

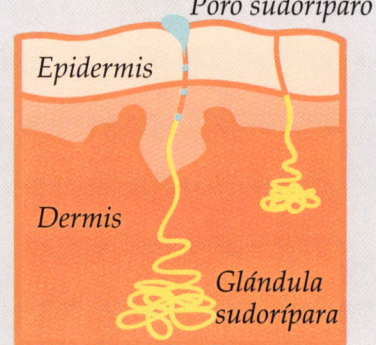

¿Qué es el sudor?

Es casi todo agua con pequeñas cantidades de sustancias químicas como amoníaco, urea, sales y azúcar. Sale a través de unos agujeritos llamados *poros*. Cuando el sudor entra en contacto con el aire, se evapora (cambia de líquido a vapor), lo que ayuda a que el cuerpo se enfríe.

La piel ayuda al cuerpo a mantener una temperatura adecuada, alrededor de los 37 °C. Si este se calienta o se enfría demasiado, el cerebro envía señales a la piel para que se ponga en marcha. Cuando se sobrecalienta, los vasos sanguíneos transportan la sangre caliente de otras partes del cuerpo a la superficie de la piel, por eso muchas veces tenemos la cara roja al practicar deporte. Las glándulas sudoríparas producen sudor para liberar el calor del cuerpo en el aire y así enfriarlo. Si tenemos frío, los vasos sanguíneos se estrechan y mantienen la sangre caliente lejos de la superficie de la piel.

¿Por qué apesta el sudor?

En realidad, el sudor no huele a nada. El mal olor se produce cuando las bacterias que viven en la piel se mezclan con él. Al llegar a la pubertad, las glándulas de las axilas empiezan a producir un tipo distinto de sudor que puede oler muy mal. Ducharse regularmente y utilizar desodorantes ayuda a combatirlo.

¿Por qué apestan los pies?

Hay más glándulas sudoríparas en los pies que en cualquier otra parte del cuerpo, y estas producen grandes cantidades de sudor. Las bacterias de la piel descomponen este sudor y, durante el proceso, liberan olor a queso. Es posible evitarlo lavándose los pies y cambiándose de calcetines todos los días.

¡Los pies me están matando!

¡A mí también!

La piel expulsa hasta 11 litros de sudor al día cuando hace calor. Si haces ejercicio en verano, recuerda beber mucha agua para recuperar los líquidos perdidos.

Dato sorprendente

Pero el cuerpo no solo muestra la carne de gallina ante el frío, también lo hace en situaciones de miedo o estrés. Aparece en los antebrazos y en las otras partes de la piel con vello.

¿Qué es el acné?

"El acné suele aparecer en la cara, en el cuello, en los hombros y en la parte superior de la espalda y del pecho."

El acné es una enfermedad de la piel que produce granos. Los adolescentes suelen tener acné a causa de los niveles elevados de hormonas, lo que hace que produzcan más sebo. Los poros se obstruyen con este sebo y con células muertas, y se forma un tapón, que se puede infectar y formar un grano, el inicio del acné. Los granos más leves y más comunes son los puntos blancos y los puntos negros. Un poco más graves son las pápulas y las pústulas. Las formas de grano más graves son los nódulos y los quistes.

Cómo prevenir el acné

Para prevenir la acumulación de sebo, es recomendable lavarse la cara dos veces al día con un jabón suave y agua tibia. No debe restregarse, ya que hacerlo podría irritar los poros y empeorarlo.

Punto blanco

Poro obstruido que sobresale en la piel

Consejo útil

Puede que sientas la tentación de tocar, apretar o sacarte los granos. ¡No lo hagas! Puedes abrirlos y hacer que se inflamen todavía más. Apretar los granos puede causar cicatrices permanentes.

Punto negro

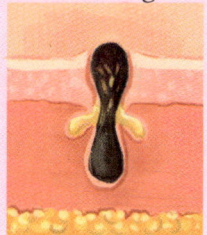

Poro obstruido que se mantiene abierto y que tiene la superficie negra

Pápula

La pared del poro se abre y deja entrar la suciedad, lo que produce un bulto rojo

Pústula

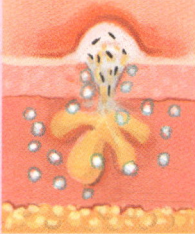

Pápula con la parte superior llena de pus

Nódulo

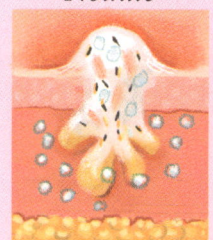

Grano sólido, grande y doloroso

Quiste

Grano profundo y lleno de pus

El acné severo puede producir cicatrices. Se puede tratar con láser de regeneración cutánea o dermoabrasión, lo que elimina la superficie de la piel afectada y permite que una nueva capa de piel más suave la reemplace.

Cómo luchar contra el acné

Existen cremas y lociones en las farmacias que previenen y alivian el acné. En caso de acné persistente, conviene acudir a un centro médico para tratarlo con cremas y medicamentos de prescripción.

Ampollas, callos y ojos de gallo

> Si te pones zapatos que te aprietan, al cabo de unas horas tendrás los pies llenos de ampollas.

La piel de los pies y de las manos está muy castigada, especialmente en el caso de personas que andan mucho, hacen deporte o tocan algún instrumento. La presión de los zapatos en los pies, las cuerdas de una guitarra en los dedos o una raqueta de tenis en las manos pueden acabar dañando la piel. Este daño se puede manifestar de tres modos distintos: ampollas, callos y ojos de gallo. Una ampolla es un área de piel levantada llena de líquido transparente. Se puede formar muy rápidamente en las manos o en los pies a causa del roce y la presión en una zona determinada.

Piel gruesa

Un callo es un área de piel gruesa. A diferencia de las ampollas, los callos necesitan bastante tiempo para formarse y se producen en áreas donde hay un roce repetido durante un periodo de tiempo determinado. La piel se va haciendo dura y gruesa y acaba formando una capa espesa y amarillenta.

¿Qué son los callos?

Los callos en las manos y en los pies pueden ser una forma de protección. Permiten que los gimnastas y los guitarristas actúen sin hacerse daño. Pero los callos que se forman en las plantas de los pies ocasionados por zapatos estrechos o por tacones, por ejemplo, pueden ser muy dolorosos, ya que se pisa sobre ellos a cada paso.

> ¡Ey! ¡Buenos callos!

"¿Ves lo que ocurre cuando te esfuerzas?"

"¡Ampollas!"

Consejo útil

Pon los pies en remojo en agua tibia con un poco de jabón y, después, frótalos con una piedra pómez para eliminar la piel muerta. Para los ojos de gallo puedes comprar tiritas en forma de rosca. El ojo de gallo se encaja en el agujero para aligerar el dolor y la presión.

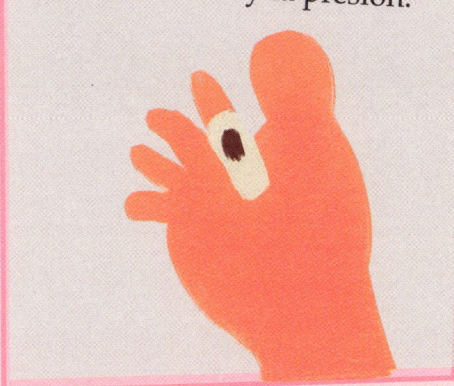

La piel más gruesa se encuentra en los pies y mide 1,3 mm de grosor. La más fina está en los párpados y mide solo 0,5 mm.

Ojos de gallo

Un ojo de gallo es una acumulación de piel dura encima de un dedo o entre dos dedos. Suele aparecer como un anillo de piel amarillenta alrededor de un centro grisáceo. Los ojos de gallo suelen desarrollarse por llevar zapatos muy estrechos en la zona de los dedos, lo que produce roce y fricción.

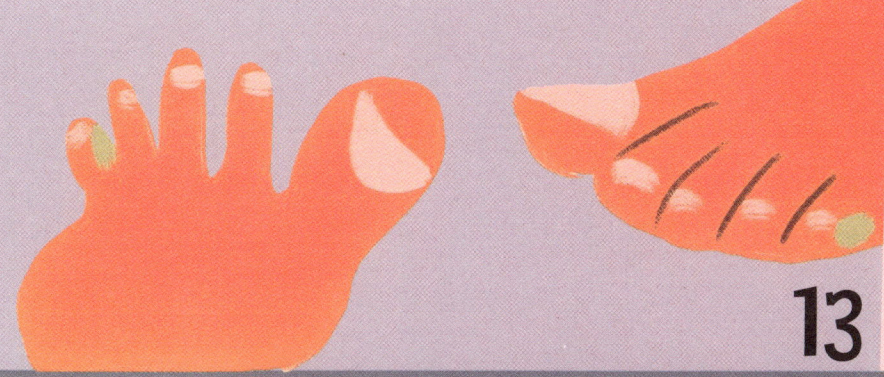

Cortes, cicatrices y hematomas

Las cicatrices se producen gracias a unas proteínas especiales llamadas fibras de colágeno que reparan la piel afectada. Esto forma un «tejido cicatricial», que se ve y se siente distinto de la piel normal.

Llevar una vida activa puede conllevar tarde o temprano un accidente, un corte o un golpe. Unas veces, el corte se cura por sí mismo y desaparece; otras, deja una cicatriz: una marca de color rosa claro, marrón o plateado. Hay veces que darse un golpe no daña la superficie de la piel, pero sí rompe vasos sanguíneos de debajo y forma un hematoma. La sangre se sale de los vasos, se extiende por dentro de la piel y causa una mancha oscura. Al principio suele ser entre morada y azul, pero después de unos días se atenúa y se vuelve amarillenta o verdosa hasta que al final desaparece.

El tejido cicatricial no contiene folículos pilosos ni tampoco glándulas sudoríparas ni sebáceas, por eso parece más suave y puede producir picor.

¡Esto me lo hice luchando contra un tigre!

Yo me hice esto al salir de la cama.

¿Qué es un coágulo?

Cuando la piel recibe un corte, las plaquetas de la sangre hacen que esta se coagule. El coágulo se endurece y forma una costra que protege la herida mientras se forman nuevos vasos sanguíneos y se repara la piel. La costra se cae cuando el corte está curado.

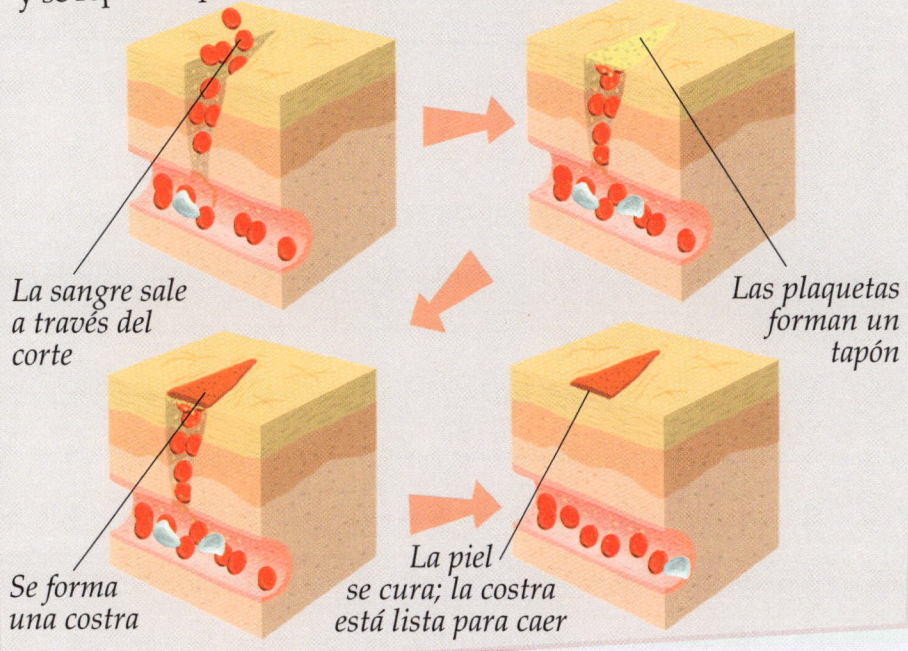

La sangre sale a través del corte

Las plaquetas forman un tapón

Se forma una costra

La piel se cura; la costra está lista para caer

Estrías

A veces, las personas pueden tener un tipo de cicatrices llamadas *estrías* cuando su piel se estira más de lo que se puede expandir. Esto les puede ocurrir a las mujeres durante el embarazo y a los adolescentes cuando dan un estirón.

¿Qué le ocurre, Mr. Fantástico?

¡Me han salido estrías!

Puntos de sutura

En caso de sufrir heridas muy grandes o profundas, pueden ser necesarios los puntos de sutura. Para ello, primero el personal médico adormecerá la piel con un anestésico y después coserá los bordes de la herida con una aguja muy pequeña y un hilo especial. Una vez que se haya curado la herida, retirarán los puntos, aunque también es posible coserlos con un hilo especial que se disuelve con el tiempo.

Dato fascinante

Algunas veces, en lugar de puntos de sutura se utiliza un tipo de pegamento especial que cierra la herida y permite que la piel se cure. Este adhesivo desaparece con el tiempo.

Hongos y verrugas

Al escuchar la palabra *hongo* es fácil pensar en un champiñón, pero los hongos adoptan formas muy distintas. A una clase de hongo le gusta vivir en la piel, donde se alimenta de queratina, una proteína que se encuentra en las capas superficiales de piel muerta de la epidermis y también en las uñas y el cabello. Los hongos adoran los lugares húmedos y cálidos, como entre los dedos de los pies. Entre las infecciones fúngicas comunes se incluyen el pie de atleta y la tiña. Las verrugas son bultos duros y pequeños que aparecen en la piel. Están causadas por el virus del papiloma humano (VPH). El virus penetra en la piel a través de pequeñas heridas.

Hay entre 1,5 y 5 millones de tipos de hongos. Cada metro cúbico de aire contiene más de 10.000 esporas (células reproductoras) de hongos.

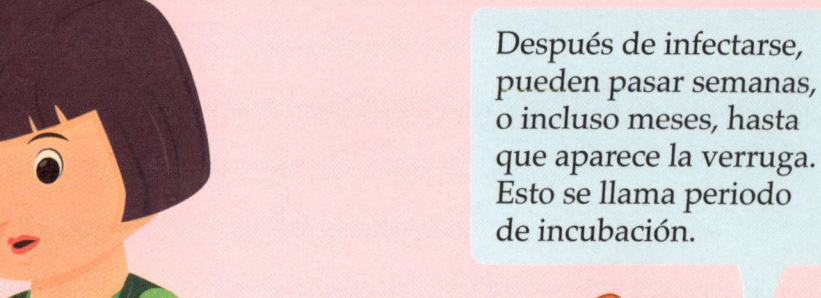

Creo que puede ser una infección fúngica.

Después de infectarse, pueden pasar semanas, o incluso meses, hasta que aparece la verruga. Esto se llama periodo de incubación.

El pie de atleta y la tiña

El pie de atleta hace que la piel de entre los dedos de los pies se seque, se agriete, se vuelva roja, se descame y pique. Es posible contagiarse al andar sin zapatos por zonas húmedas o al compartir las toallas. La tiña es una infección fúngica del cabello, de las uñas o de la piel. En la piel forma una erupción roja en forma de anillo.

Verrugas plantares

Puede que sean desagradables a la vista, pero la mayoría de las verrugas son indoloras. Sin embargo, hay una excepción: las verrugas plantares. Se desarrollan en las plantas de los pies y suelen doler, ya que producen la sensación de andar con una piedrecilla en el zapato.

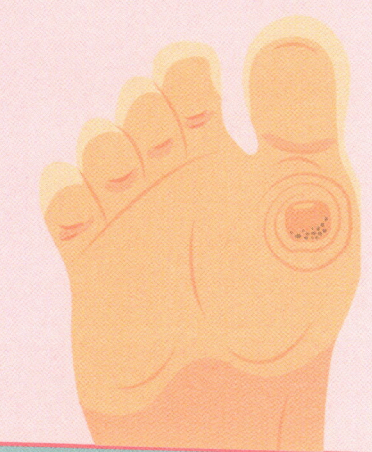

Verrugas

Una verruga es un bulto de queratina. Se suelen contagiar en los lugares donde la gente anda descalza, como, por ejemplo, en piscinas públicas, duchas comunitarias y gimnasios.

Consejo útil

Para prevenir el pie de atleta:
- Lávate los pies todos los días y sécalos minuciosamente.
- Lleva sandalias o chanclas en las duchas públicas, en los vestuarios y en las piscinas.
- Ponte calcetines limpios.
- Utiliza polvo desodorante para reducir la sudoración de los pies.

Erupciones de la piel

Una erupción es un área de piel que se ha vuelto roja e inflamada. Esta piel puede estar irregular, seca, agrietada, llena de ampollas o inflamada. Las erupciones de la piel pueden tener muchas causas. Algunas, como la varicela, el herpes zóster, el sarampión o el impétigo, las causan virus o bacterias. Otras, como los eccemas, la urticaria o la dermatitis de contacto, se producen a causa de reacciones alérgicas a algunos alimentos u otras sustancias. En ocasiones puede salir una erupción por el contacto con determinadas plantas, como la hiedra venenosa o la ortiga. El intertrigo, otro tipo de erupción, tiene lugar en los pliegues de la piel, como las axilas o debajo de los pliegues de la barriga.

Eccema

El eccema es una clase de erupción que seca la piel y produce picor. Es una reacción alérgica a sustancias como el jabón, el detergente o algunos tejidos. Empeora mucho al rascarse. Es más común entre los niños y las niñas, pero puede afectar a personas de cualquier edad.

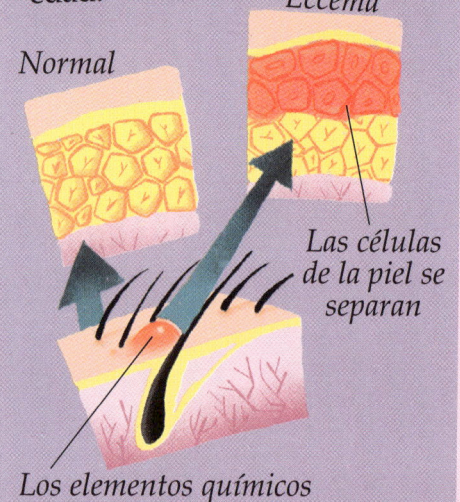

Normal

Eccema

Las células de la piel se separan

Los elementos químicos producen inflamación

Si tienes un eccema, evita las sustancias a las que tu piel es sensible.

¿Por qué te rascas tú sola?

¡Porque nadie sabe dónde me pica!

Psoriasis

Esta enfermedad produce manchas rojizas recubiertas por escamas de piel plateada. Las manchas suelen aparecer en los codos, en las rodillas, en el cuero cabelludo y en la parte baja de la espalda. Se produce por un exceso de producción de células de la piel. Normalmente, estas células se renuevan cada 3 o 4 semanas, pero con psoriasis la piel se renueva cada 3-7 días.

Dato fascinante

El dermografismo es un tipo de urticaria. Quien padece esta enfermedad puede escribir palabras o hacer dibujos en su piel con el dedo. Unos 15 minutos después, aparecerá una erupción en el lugar donde se ha tocado la piel, y desaparecerá a cabo de 15 o 30 minutos.

Algunas personas tienen erupciones en la piel por el contacto con sustancias cotidianas, como el cuero (a causa de los productos químicos que se utilizan durante el proceso de tinte), las monedas (reaccionan al níquel) y el contacto prolongado con el agua.

Herpes zóster

El herpes zóster lo causa el mismo virus responsable de la varicela. Produce una erupción dolorosa que ocasiona ampollas que pican. Siempre aparece en una única zona del cuerpo y dura entre 2 y 4 semanas.

Pecas, lunares y marcas de nacimiento

La mayoría de las personas tenemos marcas o manchas en la piel que no son dañinas, simplemente son una parte de quienes somos. Las pecas, por ejemplo, son manchas pequeñitas y claras.

Son células de la piel que contienen un pigmento llamado *melanina* que hace que la piel sea más oscura. Ayuda a proteger la piel de los rayos nocivos del sol y la producen unas células llamadas *melanocitos*. Los rayos del sol hacen que estas células produzcan más melanina, lo que provoca que aparezcan pecas o que las que ya tenemos se vuelvan más oscuras.

Lunares

Los lunares son marcas pequeñas y marrones en la piel hechas de melanocitos. Pueden ser planos o tener relieve y a algunos les salen pelos. La mayoría de los lunares son benignos, pero es posible eliminarlos si los encuentras antiestéticos o molestos.

En casos raros, un lunar se puede convertir en un melanoma, un tipo de cáncer de piel muy peligroso. Un melanoma suele aparecer como una mancha oscura que crece muy deprisa.

¡Cómo me gustaría tener tus pecas!

¡Lo siento, pero no son transferibles!

Tipos de marcas de nacimiento

Manchas salmón

Hemangiomas

Manchas de vino de Oporto

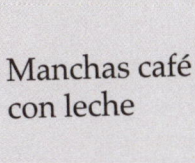
Manchas café con leche

Marcas de nacimiento

Se llaman así porque nacemos con ellas o porque aparecen poco después de nacer. La mayoría son manchas de nacimiento vasculares (normalmente de color rosa, rojo o morado), que se producen por grupos de vasos sanguíneos en o sobre la piel; y también existen marcas de nacimiento pigmentadas (normalmente marrones), que se producen por grupos de células pigmentadas.

¡Tiene una marca de nacimiento!

¡Es preciosa!

Consejo útil

Para evitar tener un melanoma, ve con cuidado con el sol, porque la sobreexposición a los rayos ultravioleta nocivos aumenta las probabilidades de desarrollar uno.

Broncearse

Los rayos del sol contienen dos tipos de radiación ultravioleta: UVA y UVB. Los rayos UVA penetran en las capas más profundas de la epidermis, donde hacen que los melanocitos produzcan más melanina, lo que provoca que la piel se vuelva más morena. Los rayos UVB producen quemaduras solares.

¡Recuerda ponerte protección solar, o te convertirás en panceta!

Tono de piel

La piel humana puede tener muchas tonalidades, desde la más blanca hasta la más oscura. El color de nuestra piel lo determina el lugar en el que vivían nuestros antepasados. La gente con raíces en las partes del mundo más cálidas y tropicales suele tener la piel más oscura que las personas que provienen de climas más fríos. La piel oscura proporciona protección contra la radiación ultravioleta (UV) del sol. El color de nuestra piel depende de las cantidades de melanina que producen nuestros melanocitos. Cantidades pequeñas de melanina genera una piel clara, y cantidades más elevadas, una más oscura. Todo el mundo tiene el mismo número de melanocitos (suponen alrededor del 7 % de las células de la piel), pero las personas con la piel más oscura producen más melanina.

La melanina extra que se produce al tomar el sol protege la piel contra las quemaduras, pero no contra el cáncer de piel ni contra otros problemas.

Una de cada 17.000 personas padece albinismo, es decir, tiene la piel y los cabellos muy blancos porque no produce melanina.

Consejo útil

Protégete la piel de los rayos UV del sol, sobre todo si tienes la piel clara. Utiliza crema solar con un factor de protección de al menos 30; lleva sombrero, gafas de sol y ropa adecuada y ponte a la sombra durante la parte más calurosa del día.

Vitamina D

Las personas que viven en climas más fríos suelen tener la piel más clara, lo que les permite absorber más luz solar y así producir vitamina D, que es esencial para nuestro cuerpo. Sin embargo, las personas nativas de Alaska y Canadá suelen tener la piel más oscura a causa de su dieta rica en marisco, ya que les proporciona toda la vitamina D que necesitan, de modo que producen más melanina.

Vitiligo

El vitiligo es la pérdida de pigmento que causa manchas blancas en la piel. Se produce porque los melanocitos paran de producir melanina. Nadie sabe por qué, pero no es perjudicial ni infeccioso. Normalmente aparece en las áreas del cuerpo expuestas a la luz solar, o en las partes que se pliegan, como los codos o las rodillas.

La melanina también es la responsable del color de los ojos. Muy poca melanina produce ojos azules; un poco de melanina, ojos verdes o castaños claros; y grandes cantidades de melanina, ojos de color marrón oscuro.

Picaduras

Cualquier persona que pase tiempo al aire libre en verano ha sufrido la picadura de algún insecto. Entre los que pican, se encuentran los mosquitos, las pulgas, las arañas, los ácaros, los tábanos y las garrapatas. Agujerean la piel para alimentarse de nuestra sangre. Cuando muerden, sueltan saliva, que está compuesta por productos químicos que impiden que la sangre se coagule. El cuerpo reacciona liberando elementos químicos llamados *histaminas*, que hacen que la piel se enrojezca, se hinche y pique. Insectos como las abejas, las avispas y los avispones pican para defenderse e inyectan veneno, que ataca a las células nerviosas y produce dolor.

Picaduras de abeja

El aguijón de las abejas es una púa con pinchos que se clava en la piel. Dentro de la púa hay un tubo vacío por el que pasa el veneno. Los pinchos hacen que la púa se enganche a la piel y, así, cuando las abejas levantan el vuelo, se arrancan una parte del abdomen y mueren.

¡A mí me dolerá más que a ti!

Las picaduras se enrojecen y se hinchan porque el cuerpo libera histaminas como respuesta al veneno.

¡Métete con alguien de tu tamaño!

Picaduras de mosquito

Las partes de la boca de los mosquitos suelen estar escondidas dentro de una vaina llamada *labro*. Cuando se nos posa un mosquito, el labro se retira y deja ver las agujas, que perforan la piel; las partes huecas inyectan la saliva y succionan la sangre al mismo tiempo.

Anafilaxis

Para algunas personas, las picaduras pueden desencadenar una reacción alérgica muy grave llamada *anafilaxis*. Puede incluir erupciones en la piel, inflamación de los ojos o de la boca, mareos, dolor, vómitos, sibilancia o inconsciencia. La gente con anafilaxis se tiene que inyectar epinefrina (adrenalina) lo más pronto posible.

Me encanta picar codos.

Yo soy fan de los tobillos.

Si te pica un insecto, lávate la parte afectada con agua y jabón y ponte un trapo húmedo y frío para reducir la inflamación. Compra antihistamínicos para reducir el picor y el dolor.

Consejo útil

- Ponte repelente para insectos durante el verano.
- No te asustes ni agites los brazos cuando veas abejas o avispas. Aléjate tranquilamente.
- Si viajas a África, a Asia o a Sudamérica, acuérdate de vacunarte contra la malaria y otras enfermedades que se contagian con las picaduras de insecto.

Piel animal

La rana *Barbourula kalimantanensis*, conocida como Barbie, no tiene pulmones. Obtiene todo el oxígeno que necesita a través de la piel.

En todo el mundo natural hay ejemplos de animales que utilizan su piel de manera extraordinaria, ya sea para camuflarse, defenderse, respirar, beber o mantenerse frescos. Los cocodrilos utilizan la piel para cazar. Tienen unos receptores especiales en la cara que son más sensibles que las huellas de sus dedos. Son capaces de sentir hasta el menor movimiento en el agua para localizar y atacar a su presa. El oso del sol tiene la piel del cuello muy suelta y puede girar la cabeza y morder a los animales que lo atacan por detrás.

¡Venga! ¡Atácame si te atreves!

Piel que se regenera

El ratón de la especie *Acomys kempi* tiene la piel muy tierna y fácil de arrancar. En realidad, es un método de defensa: si un depredador lo atrapa, el ratón la pierde. Aunque parezca increíble, es capaz de desarrollar piel nueva con folículos pilosos y glándulas sudoríparas y todo en tan solo un par de días.

¡Corre si quieres salvar el pellejo!

Yo creo que no.

La piel más gruesa

El cachalote es el animal con la piel más gruesa del mundo. ¡Puede medir hasta 35 centímetros de grosor! Seguramente la necesita como protección, ya que se alimenta de calamares gigantes, que tienen tentáculos afilados como cuchillos.

¡Insúltame todo lo que quieras, que tengo la piel muy gruesa!

¿Te lo puedes creer?

El diablo espinoso, un lagarto del desierto de Australia, bebe con los pies. Tiene la piel de los pies llena de grietas microscópicas que absorben el agua en un proceso llamado *capilaridad*.

Las ranas veneno de flecha de Sudamérica tienen unas glándulas venenosas debajo de la piel para defenderse de los depredadores. El veneno de la piel de la rana dardo dorada es suficiente para matar a diez personas adultas.

Piel hecha de ojos

Los pulpos y las sepias pueden cambiar el color de su piel para mimetizarse con el entorno y así escapar de los depredadores. Pero ¿cómo lo hacen, teniendo en cuenta que son daltónicos? Gracias a unas células sensibles a la luz que pueden coincidir con los motivos y los colores de su alrededor.

Cuando envejecemos

Los médicos y las médicas creen que el ejercicio regular y reducir el consumo de carbohidratos (p. ej., pan y pasta) puede ayudar a disminuir las probabilidades de tener arrugas tempranas.

La piel de las personas se arruga a medida que se hacen viejas. La epidermis se vuelve más fina y el número de melanocitos disminuye, lo que hace que la piel se vuelva más clara y translúcida. También salen manchas marrones en los lugares expuestos al sol. Además, los vasos sanguíneos de la dermis se hacen más frágiles y se rompen más a menudo, lo que produce hematomas más grandes e intensos. Las glándulas sebáceas producen menos sebo y, por lo tanto, la piel se seca. La hipodermis (capa de grasa) se estrecha y provoca que las personas mayores estén menos aisladas del frío y de las lesiones. Las glándulas sudoríparas producen menos sudor y hacen que sea más difícil mantenerse fresco cuando hace calor.

¿Por qué nos salen arrugas?

Cuando se es joven, la dermis es elástica porque contiene elastina y colágeno. Con el paso del tiempo, la dermis pierde estas proteínas, la piel se vuelve más fina y la grasa de la hipodermis que proporciona la apariencia carnosa empieza a desaparecer. Como resultado, la piel cuelga y forma arrugas.

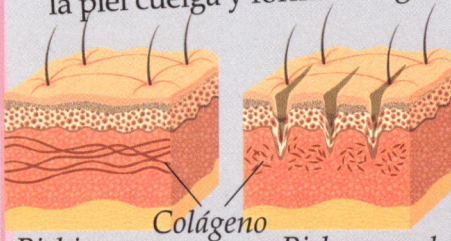

Piel joven — Colágeno — *Piel arrugada*

No tengo la piel arrugada, ¡me viene un poco grande!

Respirar provoca arrugas

Cada vez que respiramos, las moléculas de oxígeno conocidas como «radicales libres» atacan las células del cuerpo que producen el colágeno. Después de un tiempo, esto produce arrugas. Algunos alimentos, como los tomates, el brócoli, los rábanos y el pescado azul, previenen los daños causados por los radicales libres.

También puedes tener arrugas desde joven a causa de tus genes, ya que algunas familias son más propensas a arrugarse que otras.

¿Cuándo nos salen las arrugas?

Las primeras arrugas suelen salir alrededor de los ojos (patas de gallo). Pueden aparecer a cualquier edad, desde los veinticinco en adelante. En parte dependen del estilo de vida: las personas que pasan mucho tiempo al sol son más propensas a tener arrugas antes.

¡No te preocupes, es muy normal tener patas de gallo!

Consejo útil

Para evitar las arrugas tempranas:
- No pases mucho tiempo al sol, sobre todo al mediodía.
- No vayas a salones de bronceado. Los rayos UV que utilizan son tan perjudiciales como los del sol.
- No fumes. Fumar seca la piel y provoca arrugas.
- Bebe mucha agua.
- Utiliza crema hidratante para la piel seca.

Glosario

Anestésico   Sustancia que impide sentir dolor.

Bacteria   Organismo microscópico que puede causar enfermedades.

Ampolla   Burbuja pequeña que le sale a la piel a causa de la fricción o del calor.

Cáncer   Enfermedad causada por el crecimiento incontrolado de células en una parte del cuerpo.

Carbohidrato   Sustancia que se encuentra en alimentos como las patatas y la pasta y que proporciona energía al cuerpo.

Coagulación (de la sangre)   Cuando se vuelve más espesa y pegajosa. Le ocurre si se expone al aire, cuando te cortas, por ejemplo.

Dermatitis de contacto   Tipo de eccema causado por el contacto con una sustancia determinada.

Dermatólogo/ga   Médico o médica especialista en los trastornos de la piel.

Dermis   Capa gruesa de debajo de la epidermis que contiene vasos sanguíneos, terminaciones nerviosas, glándulas sudoríparas y folículos pilosos.

Epidermis   Capa más superficial de la piel. La parte de arriba está formada por células de la piel muertas, y la base, por células nuevas o en formación.

Folículo piloso   Área vacía de la piel que rodea la raíz de un pelo.

Gen   Secuencia de elementos químicos dentro de nuestras células. Se transmiten de padres a hijos y determinan aspectos como el color de la piel y de los ojos.

Glándula sebácea   Glándula pequeña que produce sebo en los folículos pilosos para lubricar la piel y los cabellos.

Glándula sudorípara   Glándula pequeña de la dermis que produce el sudor.

Glándula   Órgano del cuerpo que produce unas sustancias químicas determinadas que el cuerpo necesita o libera.

Hemangioma   Marcas de nacimiento de color rojo y con relieve que pueden aparecer en cualquier lugar; desaparecen a los siete años.

Hipodermis   También conocida como *tejido subcutáneo*, es la capa más profunda de la piel y se utiliza sobre todo para almacenar grasa.

Histamina   Sustancia química liberada por el cuerpo durante una reacción alérgica.

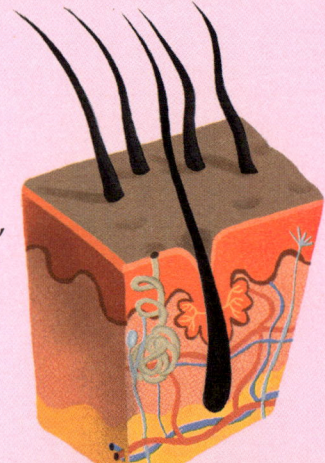

Hormona Sustancias químicas producidas por las glándulas del cuerpo que afectan al modo en que crecemos y nos desarrollamos.

Impétigo Infección que produce pústulas y llagas amarillentas y con costras en la piel.

Infección fúngica Infección causada por hongos, un tipo de organismo que se alimenta de materia viva.

Melanina Pigmento entre marrón oscuro y negro que se encuentra en la piel, en el pelo y en el iris de los ojos.

Melanocito Célula de la piel encargada de producir melanina.

Mancha de vino de Oporto Mancha de nacimiento, de color rojo o morado, a menudo en la cara, en el pecho o en la espalda. Suele ser permanente.

Pigmento Sustancia que da color a alguna cosa.

Plaqueta Fragmento de célula en forma de disco pequeño que se encuentra en la sangre.

Poro Agujero muy pequeño de la piel a través del cual sale el sudor.

Proteína Sustancia química esencial para todos los organismos vivos.

Queratina Proteína parecida a una fibra que supone el componente principal de los cabellos.

Reacción alérgica Respuesta nociva de tu cuerpo a una sustancia.

Sebo Sustancia aceitosa secretada por las glándulas sebáceas.

Manchas café con leche Marcas de nacimiento de color marrón.

Manchas salmón Manchas de color rojo o rosa que aparecen en los párpados, el cuello y la frente de los bebés; desaparecen a los cuatro años.

Vacunado/a Tratado/a con una vacuna, una sustancia que inmuniza contra las enfermedades.

Vascular Relacionado con los vasos sanguíneos.

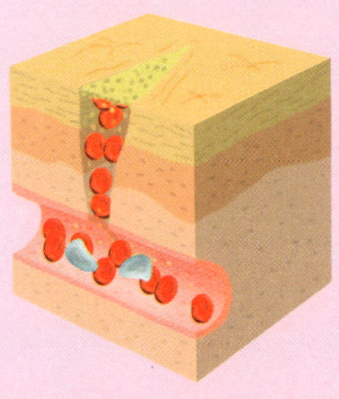

Índice analítico

A
acné   10, 11
ampollas   5, 12, 13, 18, 19
anafilaxis   25
arrugas   28, 29

B
broncearse   22, 23, 29

C
callo   12
cicatrices   5, 11, 14
coagulación   15, 24
cortes   14, 15

D
dermis   6, 7, 8, 28
dermografismo   19

E
eccema   18
epidermis   6, 7, 8, 22, 28
erupciones   5, 18, 19, 25
estrías   15

F
folículos pilosos   14, 26

G
glándulas sebáceas   7, 14, 28
glándulas sudoríparas   7, 8, 9, 14, 25, 28
granos   10, 11

H
hematoma   5, 14, 28
herpes zóster   19
hipodermis   6, 7, 28
hormonas   10

I
infecciones fúngicas   16, 17

L
lavarse   9, 10, 17, 25
lunar   5, 20

M
marcas de nacimiento   5, 20, 21
melanina   7, 20, 22, 23
melanocitos   20, 22, 23, 28
melanoma   20, 21

N
nervios   6, 7, 24
nódulos   10, 11

P
pápulas   10, 11
pecas   20
pelo   6, 7, 8, 17
picaduras de insecto   5, 24, 25
picor   5, 14, 18, 19, 24
pie de atleta   16, 17
piel de gallina   8, 9
pies   5, 6, 9, 12, 13, 16, 17, 27
poros   8, 10, 11
psoriasis   19
pubertad   9, 10
puntos blancos   10, 11
puntos de sutura   15
puntos negros   10, 11
pústulas   10, 11

Q
quemadura solar   22
queratina   6, 16, 17
quistes   10, 11

R
rayos UV   21, 22, 23, 29
reacciones alérgicas   18, 25

S
sangre/vasos sanguíneos   5, 6, 7, 8, 14, 15, 21, 24, 25, 28
sebo   7, 10
sudor   8, 9, 28

T
tacto   5, 6, 7
temperatura   5, 6, 8, 28
tiña   16, 17
tono de piel   5, 7

V
verrugas   16, 17
verrugas plantares   17